Ingo Heyse

ERSTE HILFE DEUTSCH

Kursmaterial für Flüchtlinge & Asylsuchende

Hueber Verlag

Inhaltsverzeichnis

3. 2. 1.
2020 19 18 17 16 | Die letzten Ziffern
bezeichnen Zahl und Jahr des Druckes.
Alle Drucke dieser Auflage können, da unverändert,
nebeneinander benutzt werden.
1. Auflage
© 2016 Hueber Verlag GmbH & Co. KG, München, Deutschland
Umschlaggestaltung: Sieveking · Agentur für Kommunikation, München und Berlin
Layout und Satz: Sieveking · Agentur für Kommunikation, München und Berlin
Verlagsredaktion: Marion Kerner und Thomas Stark, beide Hueber Verlag, München
Druck und Bindung: Druckerei Uhl GmbH & Co. KG, Radolfzell
Printed in Germany
ISBN 978–3–19–301003–2

Art. 530_22672_001_01

WILLKOMMEN!

Welcome! This book is designed to give you a solid introduction to learning German. Each lesson is spread over a double page. Firstly your teacher reads the words or sentences aloud while you listen and read along. Then you repeat the words or sentences and practise with other people on your course. More exercises are provided on the right-hand page where the ❖ symbol means that you should come up with your own answer. What's more, you can listen to recordings of the most important words and sentences on our free app EHD. Have fun!

Bienvenue ! Ce livre vous permet une bonne initiation à la langue allemande. Chaque leçon se compose d'une double page. Tout d'abord, votre enseignant / enseignante vous lit les mots ou les phrases à haute voix. Vous écoutez et suivez le texte en même temps. Ensuite, vous répétez. Entraînez-vous ensuite avec les autres participants du cours. Sur la page de droite, vous trouvez d'autres exercices. Le symbole ❖ signifie que vous devez répondre d'un point de vue personnel. Notre conseil : avec l'application gratuite EHD, vous pouvez réécouter les mots et les phrases les plus importants. Bon apprentissage !

مرحبا! بهذا الكتاب تحصلون على مدخل جيد إلى اللغة الألمانية. كل درس مكون من صفحة مزدوجة. في البداية سوف تقوم/يقوم مديرة/مدير دورتكم التعليمية بتلاوة كلمات و/أو جمل عليكم. استمعوا لهذه الكلمات و/أو الجمل واقرأوها في نفس الوقت. بعد ذلك رددوها. تمرنوا بعد ذلك مع آخرين في الدورة التعليمية. على الجانب الأيمن تجدون تمارين أخرى. الرمز ❖ معناه أنه يجب عليكم هنا الإجابة من منظوركم الشخصي. نصيحتنا: باستخدام التطبيق المجاني EHD يمكنكم الاستماع إلى أهم الكلمات والجمل. نتمنى لكم متعة جيدة!

خوش آمدید! این کتاب امکان مناسبی برای برداشتن نخستین گام در زبان آلمانی در اختیار شما قرار میدهد. هر درس از دوصفحه مقابل هم تشکیل شده است. ابتدا معلم شما کلمات یا جملاتی را میخواند. به این کلمات و جمله ها گوش بدهید و خودتان هم متن را بخوانید. سپس آنچه را که شنیده اید، تکرار نموده و پس از آن متن را با همکلاسیهای خود تمرین کنید. در طرف راست تمرینهای بیشتری وجود دارند. علامت ❖ نشان دهنده این است که شما در اینجا باید از جانب خودتان به پرسشها پاسخ دهید. توصیه ما: به کمک اپلیکیشن رایگان EHD میتوانید مهمترین کلمات و جملات را گوش کنید. امیدواریم از این تمرین لذت ببرید!

Liebe Kursleiterin, lieber Kursleiter,

Erste Hilfe Deutsch ermöglicht Ihren Lernenden einen praxisorientierten und kommunikativen Einstieg in die deutsche Sprache. Lesen Sie zunächst die *Wichtigen Wörter* in kleinen Blöcken vor, die Lernenden hören nur zu und lesen mit. Beim zweiten Durchgang sollten die Lernenden nachsprechen. Achten Sie von Anfang an darauf, dass die Aussprache der Lernenden gut und verständlich ist. Lassen Sie daher für diese Phase ausreichend Zeit. Gehen Sie dann zu den *Wichtigen Sätzen* und verfahren Sie entsprechend. Am Ende dieses Abschnittes sollen die Lernenden dann selbstständig kleine Dialoge üben. Die *Übungen* können Sie im Kurs bearbeiten oder als Hausaufgabe aufgeben.

Viel Spaß beim Unterrichten!

01 Begrüßung

Wichtige Wörter

1 Ihr/e Lehrer/in liest vor. Lesen Sie mit. Sprechen Sie nach.

Hallo!

Guten Morgen!

Guten Tag!

Guten Abend!

Tschüs!

Auf Wiedersehen!

Gute Nacht!

 Herr

 Frau

Wichtige Sätze

2 Ihr/e Lehrer/in liest vor. Lesen Sie mit. Sprechen Sie nach.

■ Hallo, Harun.
● Hallo, Aida.

▲ Guten Tag, Frau Hansen.
◆ Guten Tag, Herr Dawud.

◆ Auf Wiedersehen, Herr Dawud.
▲ Auf Wiedersehen, Frau Hansen.

3 Schreiben Sie.

Hallo!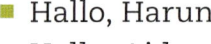

4 **Sprechen Sie im Kurs.**

Guten Morgen!
Tschüs!

Hallo, Ben.

Übungen

5 **Ordnen Sie zu.**

Auf   Tag
Gute   Nacht
Guten   Abend
                  Morgen
                  Wiedersehen

6 **Kreuzen Sie an.**

☒ Guten Tag!
◯ Hallo!

◯ Guten Morgen!
◯ Hallo!

◯ Auf Wiedersehen!
◯ Tschüs!

◯ Hallo!
◯ Guten Tag!

◯ Hallo!
◯ Guten Tag!

◯ Guten Morgen!
◯ Gute Nacht!

◯ Hallo!
◯ Tschüs!

02 Vorstellung

Wichtige Wörter

1 Ihr/e Lehrer/in liest vor. Lesen Sie mit. Sprechen Sie nach.

| ich | du | er | sie | es |

| wir | ihr | sie | Sie |

Wichtige Sätze

2 Ihr/e Lehrer/in liest vor. Lesen Sie mit.
Sprechen Sie nach.

- ■ Ich heiße Damaris. Und du?
- ● Ich heiße Maria.

- ▲ Ich heiße Zarif Osman. Und wie heißen Sie?
- ◆ Ich heiße Irina Petrowa.

	heißen
ich	heiße
du	heißt
er/sie/es	heißt
wir	heißen
ihr	heißt
sie/Sie	heißen

3 Schreiben Sie.

❖ Ich heiße _____

4 Sprechen Sie im Kurs.

Wie heißt du?
Wie heißen Sie?

Ich heiße…

Übungen

5 Schreiben Sie.

i <u>c h</u>

__ u

e __ / s ___ / __ s

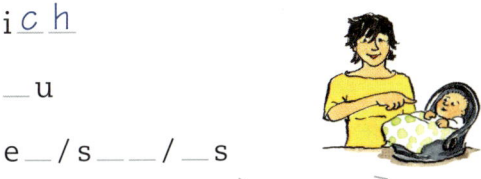

w ___ ___

<u>i</u> ___ ___

s ___ / ___ ___ ___

6 Ordnen Sie zu.

er
es ————
du   heißt
sie
ihr   heiße
ich
wir   heißen
sie/Sie

7 Schreiben Sie.

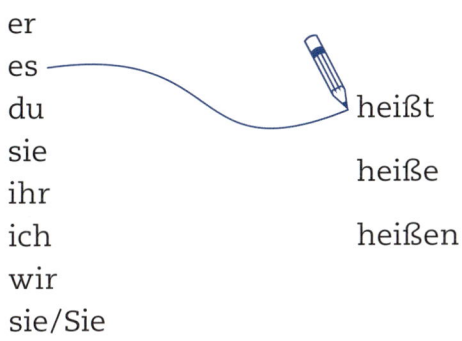

ß ß ß ß

8 Kreuzen Sie an.

a   Wie heißt ihr?
○ Sie heißt Eva.
☒ Maria und Eva.

b   Wie heißen Sie?
○ Zarif Osman.
○ Maria und Eva.

c   Wie heißt er?
○ Maria.
○ Markus.

d   Wie heißt du?
○ Und ihr?
○ Irina Petrowa.

e   Wie heißt sie?
○ Irina Petrowa.
○ Ich heiße Irina Petrowa.

f   Ich heiße Maria. Und du?
○ Markus.
○ Sie heißt Maria.

9 Schreiben Sie.

■ <u>Wie</u>   <u>heißt</u> _____ ? / ◆ _____ _____ <u>Sie ?</u>

❖ _____

03 Herkunft und Wohnort

1 Ihr/e Lehrer/in liest vor. Lesen Sie mit. Sprechen Sie nach.

Deutschland

Österreich

die Schweiz

Syrien

Ghana

Libyen

Afghanistan

Eritrea

(der) Irak

(der) Senegal

Pakistan

Nigeria

Wichtige Sätze

2 Ihr/e Lehrer/in liest vor. Lesen Sie mit. Sprechen Sie nach.

- ■ Woher kommst du?
- ● Ich komme aus Eritrea. Und du?
- ■ Aus Ghana.

- ▲ Woher kommen Sie?
- ◆ Ich komme aus Syrien. Und Sie?
- ▲ Aus Nigeria.

⚠ Ich komme aus (dem) Irak / (dem) Senegal / der Schweiz.

	kommen
ich	komme
du	kommst
er/sie/es	kommt
wir	kommen
ihr	kommt
sie/Sie	kommen

3 Ihr/e Lehrer/in liest vor. Lesen Sie mit. Sprechen Sie nach.

- ■ Wo wohnst du?
- ● Ich wohne in München. Und du?
- ■ In Augsburg.

- ▲ Wo wohnen Sie?
- ◆ Ich wohne in Österreich, in Salzburg.

⚠ Ich wohne in der Schweiz.

4   **Schreiben Sie.**

    ▪ Woher kommst du?   ▪ Wo wohnst du?

    ❖ Ich komme aus _____   ❖ Ich wohne in _____

5   **Sprechen Sie im Kurs.**

    Woher kommst du? / Woher kommen Sie?
    Wo wohnst du? / Wo wohnen Sie?

> Ich wohne
> in Berlin.

Übungen

6   **Schreiben Sie.**

    Deut _____   Öste _____   Sch _____

7   **Ordnen Sie zu.**

    Woher   du?
    Ich wohne   Sie?
    Ich komme   in Berlin.
    Wo wohnen   kommen Sie?
    Woher kommst   aus Damaskus.

8   **Kreuzen Sie an.**

    a   Wo wohnst du?   **b**   Woher kommen Sie?   **c**   Wo wohnen Sie?
    ☒ In Berlin.   ◯ Aus dem Irak.   ◯ Aus dem Irak.
    ◯ Aus Eritrea.   ◯ In Afghanistan.   ◯ In Frankfurt.

9   **Schreiben Sie.**

    ▪ Woher _____ du? / ◆ _____ _____ Sie?

    ❖ _____

    ▪ Wo _____ du? / ◆ _____ _____ Sie?

    ❖ _____

04 Befinden

Wichtige Wörter

1 Ihr/e Lehrer/in liest vor. Lesen Sie mit. Sprechen Sie nach.

sehr gut   gut   es geht so   nicht so gut

Wichtige Sätze

2 Ihr/e Lehrer/in liest vor. Lesen Sie mit. Sprechen Sie nach.

- Wie geht es dir?
- Sehr gut, danke. Und dir?
- Auch gut, danke.

- Wie geht es Ihnen?
- Gut, danke. Und Ihnen?
- Nicht so gut.
- Oh, das tut mir leid.

3 Schreiben Sie.

Wie geht es?   n i c h t __ ____   ____

 __ ____ __   ____ ___

4 Zeichnen Sie vier Kärtchen.

5 Nehmen Sie die Kärtchen und sprechen Sie im Kurs.

Wie geht es dir? / Wie geht es Ihnen?

Gut, danke.

Übungen

6 Schreiben Sie.

Wie geht es dir?

Gut. _____ _____   _____ _____ _____   _____ _____

7 Kreuzen Sie an.

a Wie geht es dir?
⊠ Danke, gut.
○ Und wie geht es dir?

b Wie geht es Ihnen?
○ Sehr gut, danke.
○ Auch gut, danke.

c Und dir?
○ Nicht so gut.
○ Wie geht es dir?

d Und wie geht es dir?
○ Oh, das tut mir leid.
○ Auch gut, danke.

e Nicht so gut.
○ Auch gut, danke.
○ Das tut mir leid.

f Und Ihnen?
○ Und dir?
○ Es geht so.

8 Schreiben Sie.

■ Wie   geht _____ dir? / ◆ _____ _____ _____ Ihnen?

❖ _____

05 Zahlen 0–20

1 Ihr/e Lehrer/in liest vor. Lesen Sie mit. Sprechen Sie nach.

0 null	10 zehn
1 eins	11 elf
2 zwei	12 zwölf
3 drei	13 dreizehn
4 vier	14 vierzehn
5 fünf	15 fünfzehn
6 sechs	16 sechzehn
7 sieben	17 siebzehn
8 acht	18 achtzehn
9 neun	19 neunzehn
	20 zwanzig

+ plus
– minus
= ist

!
13
dreizehn

Wichtige Sätze

2 Ihr/e Lehrer/in liest vor. Lesen Sie mit. Sprechen Sie nach.

- Wie viel ist zehn plus zwei?
- Zwölf.
- Ja, richtig!

- Wie viel ist zehn minus zwei?
- Sieben.
- Nein, leider nicht richtig.

3 Schreiben Sie zwei Kärtchen.

Wie viel ist achtzehn minus fünf?

Wie viel ist drei plus siebzehn?

4 Nehmen Sie die Kärtchen und sprechen Sie im Kurs.

Wie viel ist achtzehn minus fünf?
Wie viel ist drei plus siebzehn?

Dreizehn.

Übungen

5 Ordnen Sie zu.

elf	6
null	5
fünf	0
drei	11
zwei	12
zwölf	3
sechs	2
sieben	7
zwanzig	14
vierzehn	17
siebzehn	16
sechzehn	20

6 Mathematik! Schreiben Sie.

zwei ₊₁→ drei ₊₁→ vier ₊₁→ _fünf_ ₊₁→ _____

drei → sechs → neun → _____ → _____

null → vier → acht → zwölf → _____ → _____

zwanzig → fünfzehn → zehn → _____

neunzehn → sechzehn → dreizehn → _____ → _____

7 Sudoku! Schreiben Sie.

sieben	zwei	drei	acht		sechs	eins	fünf	neun
sechs			*drei*		zwei			acht
acht			sieben	eins				zwei
	sieben		sechs	fünf	vier	neun	zwei	
		vier	zwei		sieben	drei		
	fünf		neun	drei	eins		vier	
fünf				sieben				drei
vier			eins		drei		neun	sechs
neun	drei	zwei				sieben	eins	vier

06 Zahlen 20–1.000

Wichtige Wörter

1 Ihr/e Lehrer/in liest vor. Lesen Sie mit. Sprechen Sie nach.

20 zwanzig	30 dreißig
21 einundzwanzig	40 vierzig
22 zweiundzwanzig	50 fünfzig
23 dreiundzwanzig	60 sechzig
24 vierundzwanzig	70 siebzig
25 fünfundzwanzig	80 achtzig
26 sechsundzwanzig	90 neunzig
27 siebenundzwanzig	100 (ein)hundert
28 achtundzwanzig	200 zweihundert
29 neunundzwanzig	1.000 (ein)tausend

Wichtige Sätze

2 Ihr/e Lehrer/in liest vor. Lesen Sie mit. Sprechen Sie nach.

- ■ Wie ist deine Telefonnummer?
- ● 0171 55 94 83 21.
- ■ Entschuldigung, wie bitte?
- ● 0171 55 94 83 21.
- ■ Danke.

- ▲ Wie ist Ihre Telefonnummer?
- ◆ 0171 55 94 83 21.
- ▲ Entschuldigung, wie bitte?
- ◆ 0171 55 94 83 21.
- ▲ Danke.

⚠ eins + zwanzig = ei<u>nun</u>dzwanzig.

3 Schreiben Sie ein Kärtchen.

4 Nehmen Sie das Kärtchen und sprechen Sie im Kurs.

Wie ist deine Telefonnummer?
Wie ist Ihre Telefonnummer?

> Null-eins-sieben-eins, fünfundfünfzig, …

Übungen

5 **Ordnen Sie zu.**

hundertdrei ————————→ 103

dreihundert   43

dreiundvierzig   300

vierunddreißig   75

fünfundsiebzig   57

siebenundfünfzig   68

zweiundfünfzig   25

achtundsechzig   34

fünfundzwanzig   52

sechsundachtzig   86

6 **Zeichnen Sie eine Linie.**

~~zweiundvierzig~~ → ~~dreiundvierzig~~ → ~~vierunddreißig~~ → vierundvierzig →
vierundfünfzig → vierundsechzig → fünfundsechzig → sechsundsechzig →
sechsundfünfzig → sechsundvierzig → sechsunddreißig → siebenundvierzig →
achtundvierzig → siebenunddreißig → sechsundzwanzig → fünfundzwanzig →
vierundzwanzig → dreiunddreißig → zweiundvierzig

21	22	23	24	25	26	27	28	29	30
31	32	33	34	35	36	37	38	39	40
41	42	43	44	45	46	47	48	49	50
51	52	53	54	55	56	57	58	59	60
61	62	63	64	65	66	67	68	69	70

7 **Schreiben Sie.**

■ Wie ist deine _____ /

    ◆ _____ Ihre _____

   ❖ _____

07 Uhrzeit

Wichtige Wörter

1 Ihr/e Lehrer/in liest vor. Lesen Sie mit. Sprechen Sie nach.

Wie spät ist es?   Wie viel Uhr ist es?

Es ist zehn
vor neun.

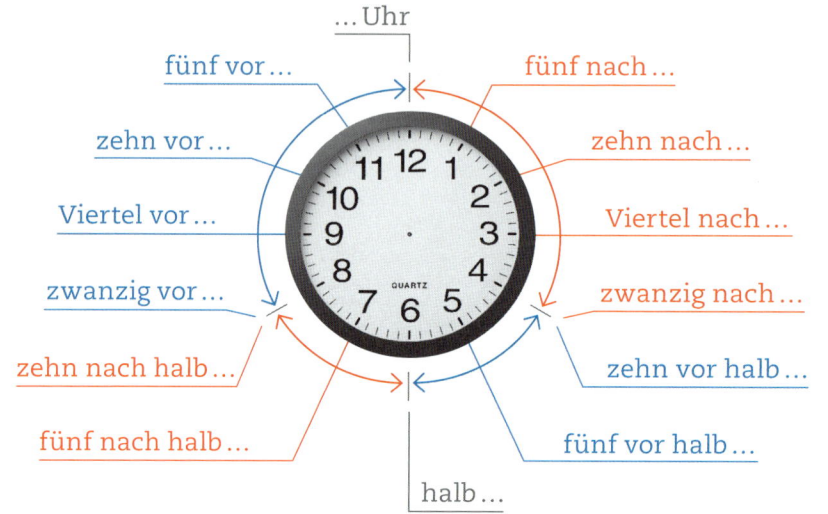

... Uhr

fünf vor ...   fünf nach ...

zehn vor ...   zehn nach ...

Viertel vor ...   Viertel nach ...

zwanzig vor ...   zwanzig nach ...

zehn nach halb ...   zehn vor halb ...

fünf nach halb ...   fünf vor halb ...

halb ...

Es ist
acht Uhr.

Es ist Viertel
nach acht.

Es ist Viertel
vor neun.

Es ist
halb neun.

dreizehn Uhr
vierzig

Zwanzig vor zwei.

Es ist fünf vor
halb neun.

Wichtige Sätze

2 Ihr/e Lehrer/in liest vor. Lesen Sie mit. Sprechen Sie nach.

- ■ Wie spät ist es?
- ● Es ist halb drei.
- ■ Danke sehr.

- ▲ Entschuldigung, wie viel Uhr ist es?
- ◆ Viertel nach vier.
- ▲ Vielen Dank.

3 Zeichnen Sie ein Kärtchen.

4 Nehmen Sie das Kärtchen und sprechen Sie im Kurs.

Es ist halb acht.

Wie viel Uhr ist es? / Wie spät ist es?

Übungen

5 Schreiben Sie.

W i e s p _ t ___ ___?/W__ v___ ___ ___ ___?

6 Schreiben Sie.

 Es ist _____

 _____

 _____

 _____

 _____

 _____

`23:00` _____

`15:25` _____

7 Schreiben Sie die Uhrzeit.

`07:45`

■ Wie spät ist es?
● Es ist Viertel
  vor acht.

▲ Wie spät ist es?
◆ Es ist zwanzig
  nach neun.

■ Wie viel Uhr ist es?
● Es ist fünf
  nach halb vier.

08 Familie

Wichtige Wörter

1 Ihr/e Lehrer/in liest vor. Lesen Sie mit. Sprechen Sie nach.

Antonio
(Mann / Vater)

Linda
(Frau / Mutter)

ledig

verheiratet

geschieden

verwitwet †

Isabella
(Tochter)

Peter
(Sohn)

Paul
(Sohn)

Susanne
(Tochter)

!
1 = ein/e/n
2 = zwei
3 = drei

	♂♀	♂	♀	♂	♀
1	Kind	Sohn	Tochter	Bruder	Schwester
2, 3, …	Kinder	Söhne	Töchter	Brüder	Schwestern

Geschwister

Wichtige Sätze

2 Ihr/e Lehrer/in liest vor. Lesen Sie mit. Sprechen Sie nach.

- ■ Bist du verheiratet? / ▲ Sind Sie verheiratet?
- ● Ja, ich bin verheiratet. Das ist mein Mann / meine Frau. /
  Nein, ich bin ledig.

- ■ Hast du Kinder? / ▲ Haben Sie Kinder?
- ● Ja, ich habe einen Sohn und eine Tochter. /
  Ja, ich habe zwei Töchter. / Nein, ich habe keine Kinder.

- ■ Hast du Geschwister? / ▲ Haben Sie Geschwister?
- ● Ja, ich habe zwei Brüder. /
  Nein, ich habe keine Geschwister.

✔ Ja   ✖ Nein

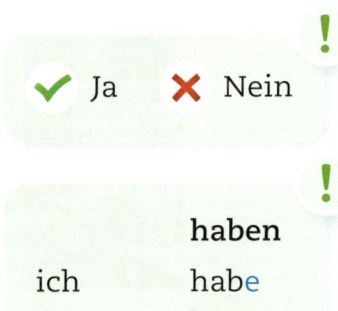

haben

ich	habe
du	hast
er/sie/es	hat
wir	haben
ihr	habt
sie/Sie	haben

3 **Sprechen Sie im Kurs.**

Bist du verheiratet? / Sind Sie verheiratet?
Hast du Geschwister? / Haben Sie Kinder?

> **!**
> Ich habe ...
> eine Tochter.
> einen Sohn.

Übungen

4 **Schreiben Sie.**

a l e d i g   **b** v __ __ h __ __ r __ __ __ __ __   **c** g __ __ __ __ __ __ __ den   **d** ver __ __ it __ et

5 **Ordnen Sie zu.**

Habt   Kinder?
Sind   ihr Kinder?
Hast   du Kinder?
Haben   verheiratet?
Bist du   Sie verheiratet?
Haben Sie Sie Geschwister?

6 **Schreiben Sie.**

Ich h a b e k e __ n __ K __ nd __ __ . • Ich h __ __ __ __ k __ __ n __ Ge __ __ __ __ __ __ ster.

Wir ha __ __ __ __ drei Kin __ __ __ __ . • Ich __ __ __ __ __ __ zwei Sch __ __ __ __ ter __ .

Ich __ __ __ __ __ __ zwei T __ cht __ __ __ . • Ich __ __ __ __ __ __ einen B __ __ der.

Wir __ __ __ __ __ __ __ zwei S __ h __ __ und eine T __ cht __ __ __ .

7 **Schreiben Sie.**

Das ist meine Frau.

_____

_____   _____

09 Beruf

Wichtige Wörter

1 Ihr/e Lehrer/in liest vor. Lesen Sie mit. Sprechen Sie nach.

♂ Kellner
♀ Kellnerin

Arzt
Ärztin

Krankenpfleger
Krankenschwester

Lehrer
Lehrerin

♂ Friseur
♀ Friseurin

Putzmann
Putzfrau

Koch
Köchin

Mechaniker
Mechanikerin

♂ Ingenieur
♀ Ingenieurin

Taxifahrer
Taxifahrerin

Altenpfleger
Altenpflegerin

Bauarbeiter
Bauarbeiterin

Wichtige Sätze

2 Ihr/e Lehrer/in liest vor. Lesen Sie mit. Sprechen Sie nach.

- ■ Was bist du von Beruf?
- ● Ich bin Kellner. Und du?
- ■ Ich bin Köchin.

- ▲ Was sind Sie von Beruf?
- ◆ Ich bin Lehrerin. Und Sie?
- ▲ Ich bin Friseur.

	sein
ich	bin
du	bist
er/sie/es	ist
wir	sind
ihr	seid
sie/Sie	sind

3 Schreiben Sie: Was sind Sie von Beruf?

❖ Ich bin _____

4 Kettenübung: Sprechen Sie im Kurs.

■ Ich bin Kellner. Und du, Ahmed?
  ● Ich bin Koch. Und du? Was bist du von Beruf?
    ❖ Ich bin …

Übungen

5 Ordnen Sie zu.

Arzt   Köchin   Friseur   Ingenieurin   Kellnerin

Taxifahrerin   Putzmann

Bauarbeiter   Altenpflegerin

Krankenpfleger   Mechaniker   Lehrerin

6 Schreiben Sie.

a L _e_ hr _ r _ n   b _ rzt _ n   c P _ tzfr _ _ _

d Kr _ nk _ nschw _ st _ r   e K _ ch _ n   f K _ lln _ r _ n

7 Schreiben Sie.

Hallo, ich _bin_ Ben.   Hallo, ich ____ Anja.   ____, ____ Mahmud.

Ich ____ Mechaniker.   Ich ____ Ingenieurin.   Ich ____ Krank_____.

8 Schreiben Sie.

■ Was _____ du von Beruf? /◆ _____ Sie _____

❖ _____

10 Wochentage und Monate

1   Ihr/e Lehrer/in liest vor. Lesen Sie mit. Sprechen Sie nach.

Woche: 6   Monat: Februar

1 Montag	**2** Dienstag	**3** Mittwoch	**4** Donnerstag	**5** Freitag	**6** Samstag	**7** Sonntag
heute	morgen	über-morgen				

Januar	Juli	**1.** = der erste	**10.** = der zehnte
Februar	August	**2.** = der zweite	**11.** = der elfte
März	September	**3.** = der dritte	**12.** = der zwölfte
April	Oktober	**4.** = der vierte	...
Mai	November	...	**20.** = der zwanzigste
Juni	Dezember	**7.** = der siebte	**21.** = der einundzwanzigste

2   Ihr/e Lehrer/in liest vor. Lesen Sie mit. Sprechen Sie nach.

- ▪ Welcher Tag ist heute?
- ● Heute ist Montag, der erste Februar.
- ▪ Danke.

- ▲ Welcher Tag ist morgen?
- ◆ Morgen ist Dienstag, der 2.2.
- ▲ Danke.

3   Kettenübung: Sprechen Sie im Kurs.

- ▪ Welcher Tag ist heute?
  - ● Heute ist Montag, der 1.2. Und welcher Tag ist morgen?
    - ❖ Morgen ist Dienstag, der 2.2. Und welcher Tag ist übermorgen?

4   Ihr/e Lehrer/in liest vor. Lesen Sie mit. Sprechen Sie nach.

- ▪ Wann hast du Geburtstag?
- ● Am zwölften August. Und du?
- ▪ Am dreißigsten Januar.

- ▲ Wann haben Sie Geburtstag?
- ◆ Am zweiten Februar.

Am dritten ...

5   Sprechen Sie im Kurs.

Wann hast du Geburtstag? / Wann haben Sie Geburtstag?

Übungen

6 Schreiben Sie.

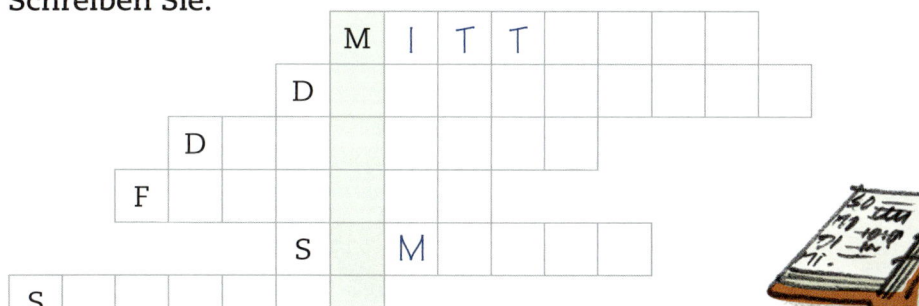

M I T T
D
D
F
S M
S

7 Schreiben Sie.

Mo, 2.12. = <u>Montag, der zweite Dezember</u>

Mi, 6.10. = _____

Do, 31.1. = _____

So, 3.3. = _____

Di, 1.7. = _____

Fr, 8.9. = _____

Sa, 11.6. = _____

8 Ordnen Sie zu.

Welcher   heute?
Wann hast   ist morgen?
Wann haben   du Geburtstag?
Welcher Tag   Sie Geburtstag?
Welcher Tag ist   Tag ist übermorgen?

9 Schreiben Sie.

▪ <u>Welcher</u> _____ <u>ist</u> heute?

❖ _____

▪ _____ <u>hast</u> du Geburtstag? / ◆ Wann <u>haben</u> _____ Geburtstag?

❖ _____

11 Tagesablauf

1 Ihr/e Lehrer/in liest vor. Lesen Sie mit. Sprechen Sie nach.

ich stehe (früh/spät) auf

ich dusche

ich frühstücke

ich schreibe an meine Freunde

ich lerne Deutsch

ich bete

ich koche

ich lese

ich spiele Fußball

ich putze

ich telefoniere

ich gehe spazieren

Morgen

Vormittag

Mittag

Nachmittag

Abend

Wichtige Sätze

2 Ihr/e Lehrer/in liest vor. Lesen Sie mit. Sprechen Sie nach.

- ■ Was machst du morgen Abend?
- ● Ich koche und ich lese.
- ▲ Was machen Sie morgen Vormittag?
- ◆ Ich gehe spazieren.

3 Sprechen Sie im Kurs.

Was machst du morgen früh?
Was machen Sie morgen Nachmittag?

!
morgen ~~Morgen~~
→ morgen früh

Übungen

4 Schreiben Sie.

ich f<u>rüh</u>   ich t_____   ich k_____

ich p_____   ich l_____   ich d_____

5 Ordnen Sie zu.

ich lerne   Deutsch
ich gehe   Fußball
ich spiele   spazieren
ich schreibe   an meine Freunde

6 Ordnen Sie zu.

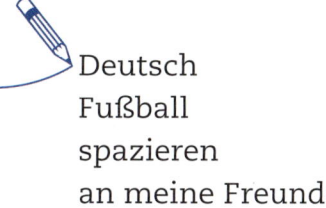

Mittag   Vormittag   Morgen   Abend   Nachmittag

7 Schreiben Sie.

■ Was machst du morgen Vormittag?   ◆ Was machen Sie morgen Abend?

❖ _____   ❖ _____

12 Körper

Wichtige Wörter

1 Ihr/e Lehrer/in liest vor. Lesen Sie mit. Sprechen Sie nach.

das Haar / die Haare

das Ohr / die Ohren

das Auge / die Augen

die Nase

der Zahn / die Zähne

der Mund

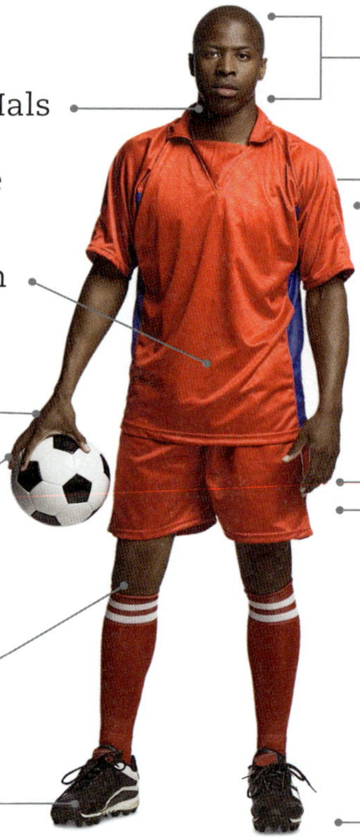

der Kopf

der Hals

der Rücken

der Arm / die Arme

der Bauch

die Hand / die Hände

der Finger / die Finger

das Knie / die Knie

das Bein / die Beine

der Fuß / die Füße

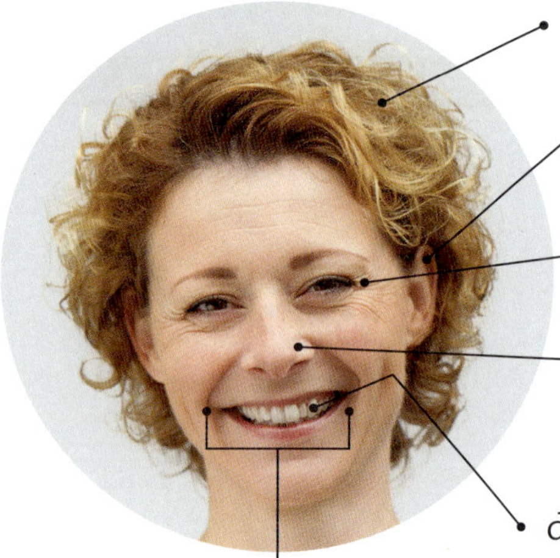

Wichtige Sätze

2 Ihr/e Lehrer/in liest vor. Lesen Sie mit. Sprechen Sie nach.

- Was ist das?
- Die Nase.
- Richtig.

Die Hand.

3 Zeigen und sprechen Sie im Kurs.

Was ist das?

4   Ihr/e Lehrer/in liest vor. Lesen Sie mit. Sprechen Sie nach.

- ■ Was fehlt dir?
- ● Mein Kopf tut weh.
- ■ Oh je! Gute Besserung!

- ▲ Was fehlt Ihnen?
- ◆ Meine Beine tun weh.
- ▲ Oh je! Gute Besserung!

5   Schreiben Sie drei Kärtchen.

Kopf

der Kopf	→ Mein Kopf tut weh.
die Hand	→ Mein**e** Hand tut weh.
das Auge	→ Mein Auge tut weh.
die Hände	→ Mein**e** Hände tu<u>n</u> weh.

!

Mein Kopf…

6   Nehmen Sie die Kärtchen und sprechen Sie im Kurs.

Was fehlt dir? / Was fehlt Ihnen?

Übungen

7   Schreiben Sie.

Wie viele?   1: K o p f , N _ _ _ _ , H _ _ _ _ , M _ _ _ _ , B _ _ _ _ _ , R _ _ _ _ _ _

Wie viele?   2: A _ _ _ _ _ , O _ _ _ _ _ , A _ _ _ _ , H _ _ _ _ _ ,

                  B _ _ _ _ _ , K _ _ _ _ , F _ _ _ _

Wie viele? 10: _ _ _ _ _ _ _

Wie viele? 36: _ _ _ _ _ _

8   **Was fehlt dir/Ihnen? Schreiben Sie.**

Mein _Bauch_   Mein _____   _____

tut _weh._   _____   _____

13 Beim Arzt

Wichtige Wörter

1   Ihr/e Lehrer/in liest vor. Lesen Sie mit. Sprechen Sie nach.

Husten   Schnupfen   Fieber   Schmerzen

Tablette(n)   Tropfen   Hustensaft   Salbe

Wichtige Sätze

2   Ihr/e Lehrer/in liest vor. Lesen Sie mit. Sprechen Sie nach.

▲ Was fehlt Ihnen?
◆ Ich bin krank. Ich habe Husten.
▲ Haben Sie Fieber?
◆ Ja. / Nein.

▲ Was fehlt Ihnen?
◆ Ich habe Schmerzen … hier.

▲ Nehmen Sie …
… eine (1) Tablette einmal (1x) täglich.
… zwei (2) Löffel zweimal (2x) täglich.
… zehn (10) Tropfen dreimal (3x) täglich.

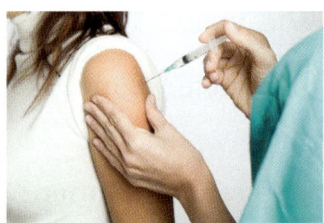

Ich gebe Ihnen eine Spritze.

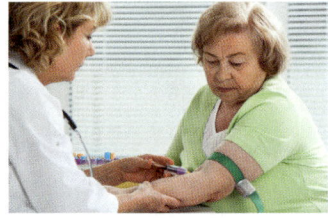

Ich nehme Ihnen Blut ab.

3 Schreiben Sie fünf Kärtchen.

4 Nehmen Sie die Kärtchen und sprechen Sie im Kurs.

Was fehlt Ihnen? / Haben Sie Fieber?
Haben Sie Schmerzen?

Ich habe Husten.

Übungen

5 Schreiben Sie.

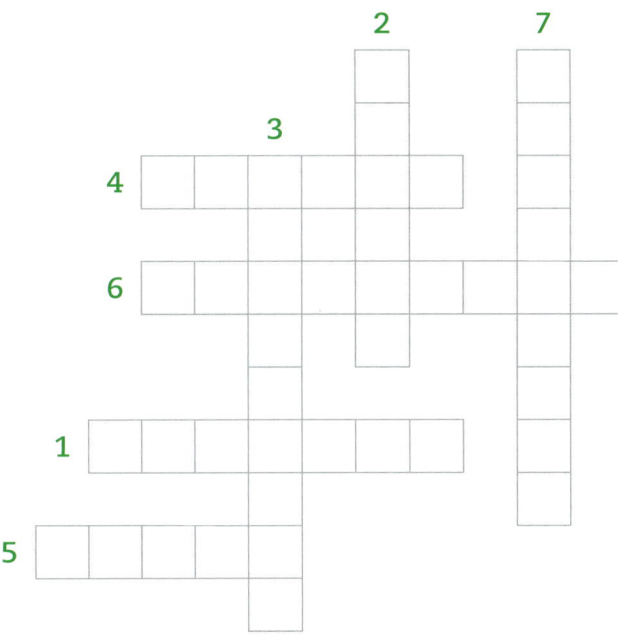

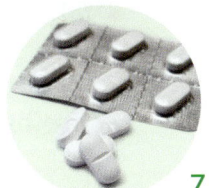

1
2
3
4
5
6
7

6 Ordnen Sie zu.

Ich bin ——— krank.
Haben   Ihnen?
Ich habe   Fieber?
Was fehlt   Sie Schnupfen?
Nehmen Sie   1 Tablette täglich.
Haben Sie   Schmerzen … hier.

14 Lebensmittel

1   Ihr/e Lehrer/in liest vor. Lesen Sie mit. Sprechen Sie nach.

Nudeln	Reis	Eier	Kartoffeln	Brot
Käse	Wurst	Fleisch	Fisch	Salat
Tomaten	Bananen	Äpfel	Orangen	Milch
Saft	Tee	Kaffee	Bier	Mineralwasser

Wichtige Sätze

2   Ihr/e Lehrer/in liest vor. Lesen Sie mit. Sprechen Sie nach.

- Was trinkst du gern?
- Ich trinke gern Bier. Und du?
- Ich trinke gern Tee.
- Ich trinke keinen Alkohol.

- Was isst du gern?
- Ich esse gern Reis. Und du?
- Ich esse gern Kartoffeln.
- Ich esse kein Schweinefleisch.

3   Schreiben Sie zwei Kärtchen.

Tee

Reis

!

	essen	trinken
ich	esse	trinke
du	isst	trinkst
Sie	essen	trinken

4 Nehmen Sie die Kärtchen und sprechen Sie im Kurs.

Was isst du / essen Sie gern?
Was trinkst du / trinken Sie gern?

Ich esse gern Reis.

Übungen

5 Schreiben Sie.

a T e e   b Sa ___   c K _____   d B _ _ r

e Mi _____   f M _ n _ r _ lw _____ r

6 Schreiben Sie.

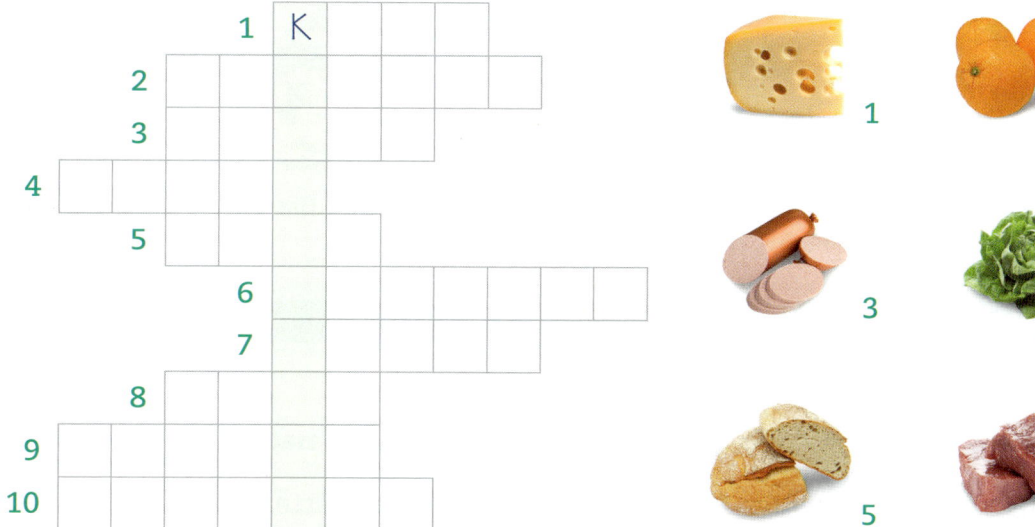

 7    8    9    10

7 Schreiben Sie.

■ Ich t _____ gern Bier. Und was t _____ du gern?

❖ _____

◆ Ich e _____ gern Fisch. Und was e _____ Sie gern?

❖ _____

15 Am Tisch

1   Ihr/e Lehrer/in liest vor. Lesen Sie mit. Sprechen Sie nach.

das Glas   die Tasse   der Teller   das Besteck

das Messer   die Gabel   der Löffel   der Teelöffel

Salz und Pfeffer   das Wasser   das Brot   die Serviette

Wichtige Sätze

2   Ihr/e Lehrer/in liest vor. Lesen Sie mit. Sprechen Sie nach.

- ■ Gibst du mir bitte das Brot?
- ● Hier, bitte.
- ■ Danke.

- ▲ Geben Sie mir bitte das Wasser?
- ◆ Hier, bitte.
- ▲ Danke.

> **!**
> **Gibst du mir bitte ...**
>
> der Teller   ➜ **den** Teller
> die Gabel   ➜ die Gabel
> das Glas   ➜ das Glas

3   Zeichnen Sie fünf Kärtchen.

> Gibst du mir bitte das Brot?

4   Nehmen Sie die Kärtchen und sprechen Sie im Kurs.

Übungen

5 Schreiben Sie.

B e s t e c k : M _____ , G _____ , L _____ , _____

6 Schreiben Sie.

tellergabelsalzpfefferbrotlöffelmessertassetellerbesteckmesser

Teller, _____

_____

7 Zeichnen Sie eine Linie (Wörter aus Übung 6).

8 Ordnen Sie zu.

der
die
das

Brot
Löffel
Teller
Gabel
Messer
Wasser
Serviette

9 Schreiben Sie.

■ *Gibst du mir _____ Salz und Pfeffer?*

❖ _____

■ _____

16 Wetter

Wichtige Wörter

1 Ihr/e Lehrer/in liest vor. Lesen Sie mit. Sprechen Sie nach.

Die Sonne scheint.   Es ist bewölkt.   Es regnet.   Es ist windig.   Es schneit.

Es ist heiß.   Es ist warm.   Es ist kühl.   Es ist kalt.

Frühling   Sommer   Herbst   Winter

Wichtige Sätze

2 Ihr/e Lehrer/in liest vor. Lesen Sie mit. Sprechen Sie nach.

- ■ Wie ist das Wetter?
- ● Die Sonne scheint und es ist warm.
- ■ Wie ist das Wetter morgen?
- ● Es regnet und es ist kalt.

3 Schreiben Sie zwei Kärtchen.

Es ist bewölkt und es ist kühl.

Es ist …

4 Nehmen Sie die Kärtchen und sprechen Sie im Kurs.

Wie ist das Wetter?
Wie ist das Wetter morgen?

Übungen

5 Schreiben Sie.

E s r e g _ _ _ _ .   E_ s _ _ _ _ _ _ _ .   _ s i _ _ w _ _ _ _ _ .

_ _ _ _ _   D _ _ S _ _ _ _ _
be _ _ _ _ _ _ .   s _ _ _ _ _ _ _ .

6 Schreiben Sie.

Fr ü h l i n g   ↔   He _ _ _ _ _ _

Som _ _ _ _   ↔   _ _ _ _ _ _ _

he _ _ _   ↔   _ _ _ _ _

kü _ _ _   ↔   w _ _ _ _

7 Ordnen Sie zu.

Es
Es ist —⟍   kalt.
heiß.
regnet.
windig.
schneit.
bewölkt.

8 Schreiben Sie.

■ _ _ _ _ _ _ _ ist das Wetter?

❖ _ _ _ _ _ _ _ _ _ _ _ _ _ _ _ _ _

_ _ _ _ _ _ _ _ _ _ _ _ _ _ _ _ _

_ _ _ _ _ _ _ _ _ _ _ _ _ _ _ _ _

_ _ _ _ _ _ _ _ _ _ _ _ _ _ _ _ _

17 Kleidung

1 Ihr/e Lehrer/in liest vor. Lesen Sie mit. Sprechen Sie nach.

das Hemd	schwarz
die Bluse	weiß
das T-Shirt	blau
der Pullover	gelb
das Kleid	rot
der Rock	grün
die Hose	orange
das Kopftuch	lila
die Jeans	braun
der Gürtel	grau
die Jacke	rosa
der Schuh → die Schuhe	

Wichtige Sätze

2 Ihr/e Lehrer/in liest vor.
Lesen Sie mit. Sprechen Sie nach.

- ■ Welche Farbe hat das T-Shirt von Ahmed?
- ● Blau und weiß.
- ■ Richtig. / Leider nicht richtig.

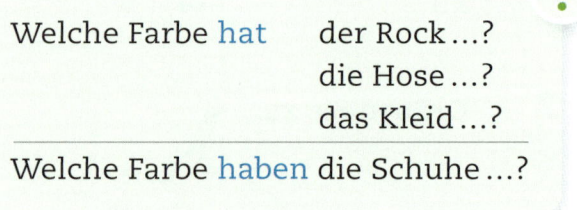

Welche Farbe hat   der Rock …?
               die Hose …?
               das Kleid …?
Welche Farbe haben die Schuhe …?

3 Schreiben Sie fünf Kärtchen.

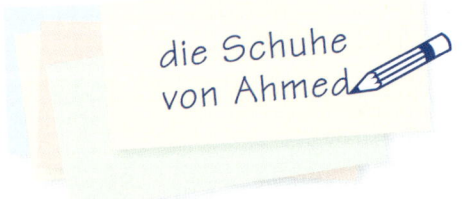

die Schuhe von Ahmed

4 Nehmen Sie die Kärtchen und sprechen Sie im Kurs.

Welche Farbe haben die Schuhe von Ahmed?

Braun.

Übungen

5 Schreiben Sie.

s c h w a _____ + _____ = _____

_____ + _____ = _____

_____ + _____ = _____

_____ + _____ = _____

6 Schreiben Sie.

medH → Hemd   esuBl → _____   rütelG → _____

cokR → _____   nesaJ → _____   levulorP → _____

soHe → _____   Jekac → _____   fuKpocht → _____

7 Schreiben Sie die Wörter aus Übung 6.

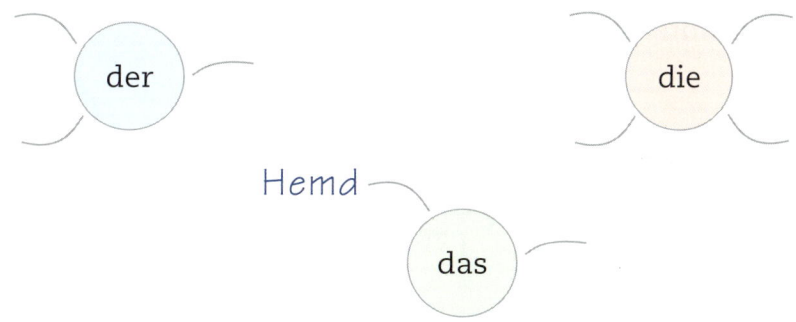

der   die

Hemd

das

8 Schreiben Sie.

■ We____ F____ h_____ die Schuhe ?

❖ _____

● Welche _____ _____ _____ _____

❖ _____

18 Einkaufen und Geld

Wichtige Wörter

1 Ihr/e Lehrer/in liest vor. Lesen Sie mit. Sprechen Sie nach.

das Wasser   der Eistee   die Cola   der Schirm

 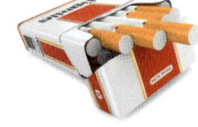 

die SIM-Karte   die Zigaretten   das Brötchen mit Käse

Was kostet …?

0,90 €

neunzig Cent

1,95 €

einen Euro
fünfundneunzig

2,30 €

zwei Euro dreißig

Wichtige Sätze

2 Ihr/e Lehrer/in liest vor.
Lesen Sie mit. Sprechen Sie nach.

- ▲ Was kostet das Wasser?
- ◆ Einen Euro dreißig.

- ▲ Was kostet das Brötchen mit Käse?
- ◆ Zwei Euro fünfzig.

> **!**
> Was kost**et**   der Tee?
>   die Cola?
>   das Wasser?
> Was kost**en** die Zigaretten?

3 Sprechen Sie im Kurs.

Was kostet …?
Was kosten …?

   5,70 € 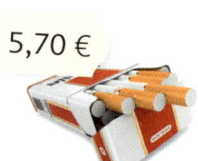   1,25 €     2,60 €

1,70 €

4 Ihr/e Lehrer/in liest vor. Lesen Sie mit. Sprechen Sie nach.

- ▲ Guten Tag. Ich hätte gern eine Cola.
- ◆ Sonst noch etwas?
- ▲ Nein danke, das ist alles.
- ◆ Das macht einen Euro siebzig.
- ▲ Hier, bitte.
- ◆ Danke. Auf Wiedersehen!
- ▲ Auf Wiedersehen!

> **!**
> Ich hätte gern ~~der~~ **einen** Tee.
>   ~~die~~ **eine** Cola.
>   ~~das~~ **ein** Wasser.
>   ~~die~~ Zigaretten.

5 **Sprechen Sie im Kurs.**

Guten Tag. Ich hätte gern …

Das macht einen Euro dreißig.

Übungen

6 **Schreiben Sie.**

a Eist *e e*   b C _ _ _ _ _   c S _ _ _ _ _ _   d W _ _ _ _ _ _

e SIM- _ _ _ _ _ _   f Z _ _ _ _ _ _ _ _ _ _

g _ _ _ _ _ _ _ _ _ _ mit _ _ _ _ _

7 **Schreiben Sie die Wörter aus Übung 6.**

Was kostet der	Was kostet die	Was kostet das	Was kosten die
Eistee?	_____	_____	_____
_____	_____	_____ mit	

8 **Schreiben Sie.**

Ich hätte gern *einen* Eistee.

Ich hätte gern _____ Brötchen mit Käse.

Ich hätte gern _____ Cola.

Ich hätte gern _____ Schirm.

9 **Schreiben Sie.**

❖ Guten Tag. Ich hätte gern _____

◆ Sonst noch etwas?

❖ Nein danke, _____

◆ Das macht _____

❖ _____

◆ Danke. Auf Wiedersehen!

❖ _____

19 Wohnen

1 Ihr/e Lehrer/in liest vor. Lesen Sie mit. Sprechen Sie nach.

| das Schlafzimmer | das Wohnzimmer | die Küche | das Bad | die Toilette/ das WC |

die Dusche   das Bett   der Schrank   das Regal   der Tisch

der Stuhl   das Sofa   die Lampe   der Teppich   der Herd

2 Ihr/e Lehrer/in liest vor. Lesen Sie mit. Sprechen Sie nach.

- ■ Wie heißt das auf Deutsch?
- ● Das Schlafzimmer.
- ■ Nein, leider nicht.
- ● Das Bett.
- ■ Richtig.

!
der Stuhl
die Lampe
das Bett

3 Zeichnen Sie fünf Kärtchen.

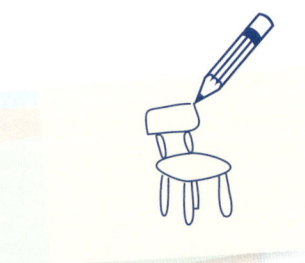

4 Nehmen Sie die Kärtchen und sprechen Sie im Kurs.

Wie heißt das auf Deutsch?

Der Stuhl.

Übungen

5 Schreiben Sie.

a B _ad_   b K _ _ _ _ _   c T _o_ _ _ _ _ _ _

d S _ _ _ _ _ _ _ _ _ _ _   e W _ _ _ _ _ _ _ _ _

6 Ordnen Sie zu.

Dusche
Herd
Stuhl
Schrank
Tisch
Sofa
Bett

Bad

Küche

Wohnzimmer

Schlafzimmer

7 Schreiben Sie.

■ W _i_ _e_ h _ _ _ _ _ das _ _ _ _ _ _ _ _ _ _ _ _ ?

❖ _____

■ _ ?

das

❖ _____

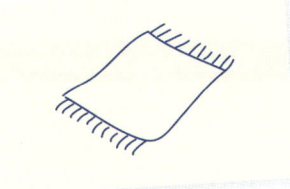

■ _____

❖ _____

20 Freizeitaktivitäten

1 Ihr/e Lehrer/in liest vor. Lesen Sie mit. Sprechen Sie nach.

joggen

fernsehen

Rad fahren

Musik hören

schwimmen

Bücher lesen

Klavier spielen

ins Kino gehen

Basketball spielen

mit Freunden chatten

ins Fitnessstudio gehen

mit meinen Kindern spielen

Wichtige Sätze

2 Ihr/e Lehrer/in liest vor. Lesen Sie mit. Sprechen Sie nach.

- ■ Was machst du in deiner Freizeit?
- ● Rad fahren und Musik hören. Und du?
- ■ Musik hören und ins Kino gehen.

- ▲ Was machen Sie in Ihrer Freizeit?
- ◆ Schwimmen. Und Sie?
- ▲ Mit meinen Kindern spielen.

3 Sprechen Sie im Kurs.

Was machst du in deiner Freizeit?
Was machen Sie in Ihrer Freizeit?

Joggen.

Übungen

4 Schreiben Sie.

 1 <u>M u s i</u> __
_____

 6 __ _____

 2 ____ _ _____

 7 ____
_____
_ ____

 3 _____
_ _ ___

 8 _____
_____ _

 4 _ _____

 9 _ _____
_ _____

 5 _____ _ _

 10 ____ _ ___
_____ _
_____

Lösung:

 <u>i</u>__ _____ _____ _

5 Schreiben Sie.

▪ W <u>a</u>s <u>m</u>_____ du __ _____ Fr___z__t?/

  ◆ <u>Was m</u>_____ Sie in _____ _____?

  ❖ _____

21 Verkehrsmittel

Wichtige Wörter

1 Ihr/e Lehrer/in liest vor. Lesen Sie mit. Sprechen Sie nach.

| die Straßenbahn | der Bus | die U-Bahn | die S-Bahn |

| das Auto | das Taxi | das Fahrrad | zu Fuß gehen |

Wichtige Sätze

2 Ihr/e Lehrer/in liest vor. Lesen Sie mit. Sprechen Sie nach.

▲ Wie komme ich am besten ins Zentrum?
◆ Nehmen Sie den Bus.

▲ Wie komme ich am besten ins Zentrum?
◆ Nehmen Sie ein Taxi.

▲ Wie komme ich am besten ins Zentrum?
◆ Gehen Sie zu Fuß.

> **!**
>
> **Nehmen Sie ...**
>
> der Bus → den Bus
> die S-Bahn → die S-Bahn
> das Auto → das Auto
>
> ⚠ Nehmen Sie ein Taxi.
>
> ⚠ Gehen Sie zu Fuß.

3 Schreiben Sie fünf Kärtchen.

der Bus

4   Nehmen Sie die Kärtchen und sprechen Sie im Kurs.

Wie komme ich am besten ins Zentrum?

Übungen

5   Schreiben Sie.

A u ___ , B ___ , T ____

S _____ , S _____ , U _____

F _____

6   Schreiben Sie.

der Bus   _____ U-Bahn

_____ Taxi   _____ Fahrrad

_____ Auto   _____ Straßenbahn

_____ S-Bahn

Ich _____ ___ Fuß.

7   Schreiben Sie.

◆ _____ komme _____ am besten ins _____ ?

❖ _____

22 In der Stadt

Wichtige Wörter

1 Ihr/e Lehrer/in liest vor. Lesen Sie mit. Sprechen Sie nach.

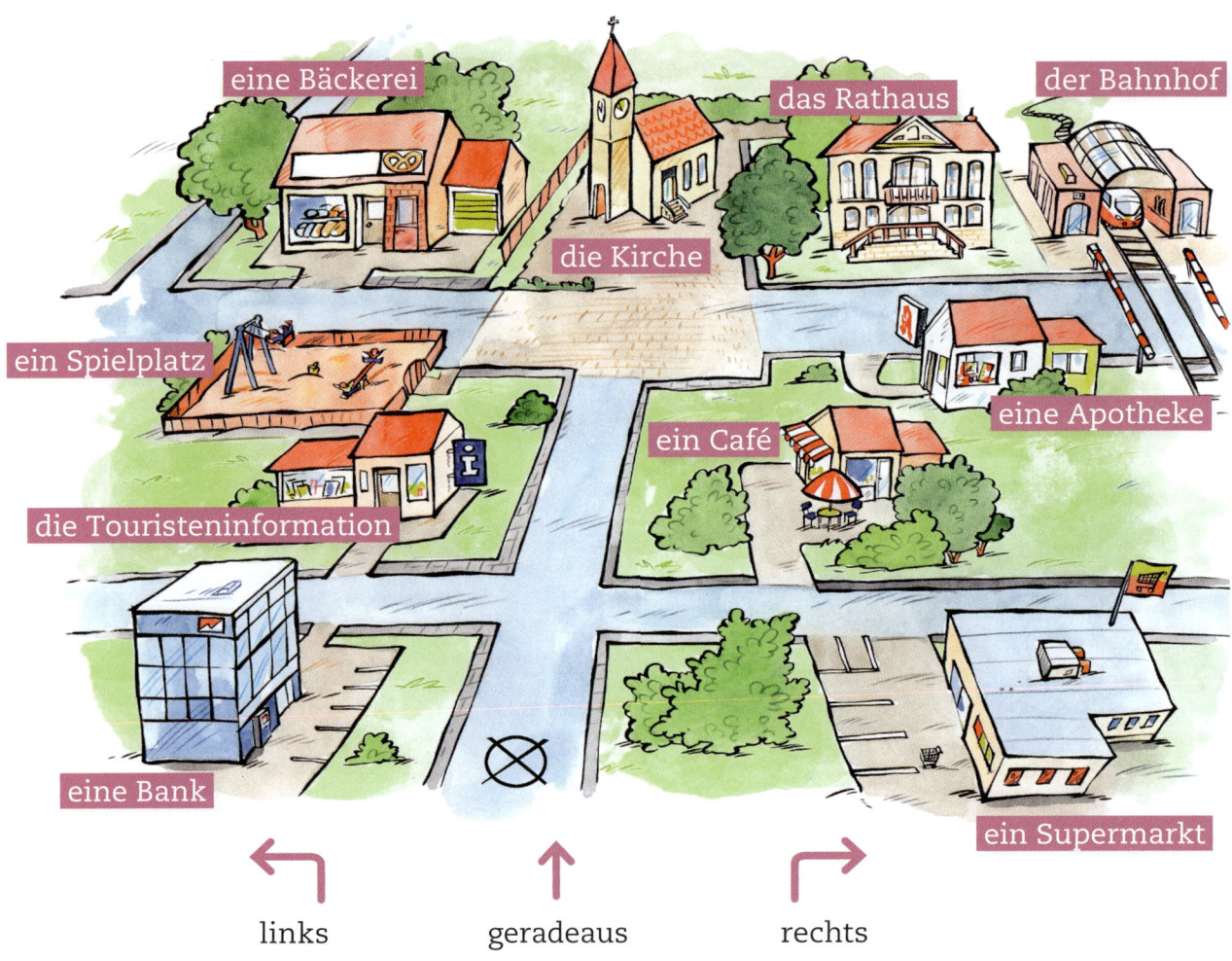

eine Bäckerei · das Rathaus · der Bahnhof · die Kirche · ein Spielplatz · die Touristeninformation · ein Café · eine Apotheke · eine Bank · ein Supermarkt

links   geradeaus   rechts

Wichtige Sätze

2 Ihr/e Lehrer/in liest vor. Lesen Sie mit. Sprechen Sie nach.

▲ Entschuldigung. Wo ist der Bahnhof?
◆ Gehen Sie geradeaus und dann rechts.
▲ Danke.

▲ Entschuldigung. Wo ist hier ein Café?
◆ Gehen Sie rechts und dann links.
▲ Entschuldigung. Noch einmal, bitte.
◆ Gehen Sie rechts und dann links.
▲ Danke.

> **!**
> der Bahnhof
> die Kirche
> das Rathaus
> die Touristeninformation

> **!**
> ein Supermarkt   ein Spielplatz
> eine Apotheke   eine Bank
> ein Café   eine Bäckerei

3 **Sprechen Sie im Kurs mithilfe der Skizze in 1.**

Entschuldigung. Wo ist hier eine Apotheke?
Entschuldigung. Wo ist das Rathaus?

Übungen

4 **Ordnen Sie zu.**

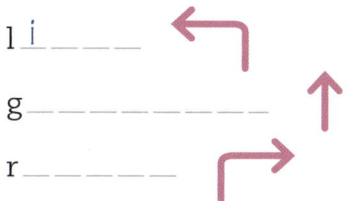

Ca	fé
Kir	rei
Rat	hof
Apo	che
Spiel	haus
Bahn	platz
Bäcke	theke
Super	markt
Touristen	information

5 **Schreiben Sie.**

l i _ _ _ _ _

g_ _ _ _ _ _ _ _ _

r_ _ _ _ _ _

BERLIN-MITTE

6 **Schreiben Sie.**

◆ Entschuldigung. <u>W o</u> ist _ _ _ _ Bahnhof?

❖ _____

◆ <u>Ent</u>_____. _____ ist _____ _____ Spielplatz?

❖ _____

◆ <u>Entschuldigung</u> . <u>N</u>_____ <u>e</u>_____ <u>bitte.</u>

❖ _____

Grammatik

Verben verbs

	L02	L09	L08	L02	L03	L03	L14	L14	L21
	sein	haben	heißen	kommen	wohnen	trinken	essen	nehmen
ich	bin	habe	heiße	komme	wohne	trinke	esse	nehme
du	bist	hast	heißt	kommst	wohnst	trinkst	isst	nimmst
er/sie/es	ist	hat	heißt	kommt	wohnt	trinkt	isst	nimmt
wir	sind	haben	heißen	kommen	wohnen	trinken	essen	nehmen
ihr	seid	habt	heißt	kommt	wohnt	trinkt	esst	nehmt
sie/Sie	sind	haben	heißen	kommen	wohnen	trinken	essen	nehmen

Kommen Sie! Gehen Sie! Nehmen Sie!

Nomen nouns

Nominativ subject L08/L12/L17/L18/L19/L22

1	der/ein/mein	Sohn Bruder	die/eine/meine	Tochter Schwester	das/ein/mein	Kind
2, 3, …	die/meine	Söhne Brüder	die/meine	Töchter Schwestern	die/meine	Kinder

Akkusativ direct object L15/L18/L21

der/ein Teller → den/einen Teller
die/eine Gabel → die/eine Gabel
das/ein Glas → das/ein Glas
die Zigaretten → die Zigaretten

Gibst du mir bitte den Teller?
Ich hätte gern einen Schirm.
Nehmen Sie den Bus.

Fragen Questions

Wann?	Wann hast du Geburtstag?
Was?	Was kostet …? / Was machst du morgen? / Was bist du von Beruf? / Was fehlt dir?
Wie?	Wie heißt du? / Wie geht es dir? / Wie spät ist es? / Wie ist das Wetter? / Wie heißt das auf Deutsch? / Wie komme ich am besten ins Zentrum?
Wie viel?	Wie viel ist drei plus …? / Wie viel Uhr ist es?
Wo?	Wo wohnst du? / Wo ist der Bahnhof?
Woher?	Woher kommst du?
Welch-?	Welcher Tag ist heute? / Welche Farbe hat …?

Wann? →
Am dritten November.

Ich bin verheiratet.
⤨
Bist du verheiratet?
→ ✔ Ja. / ✘ Nein.